초등학생을 위한
인천 역사문화 여행

초등학생을 위한 인천역사문화여행

초판 1쇄 발행 | 2016년 3월 2일
초판 2쇄 발행 | 2021년 4월 10일
글 서예나 | 그림 김수옥 | 펴낸이 최현희
기획 | 이선일 | 편집 조설휘 | 디자인 김경란
펴낸곳 도서출판 푸른날개
출판등록 제 131-91-44275
주소 인천광역시 연수구 샘말로 62번길 9
전화 032)811-5103 | 팩스 032)232-0557, 032)821-0557
E-mail bluewing5103@naver.com

ⓒ 서예나 2016
이 책의 저작권은 저자와 출판사에 있습니다.
서면에 의한 저자와 출판사의 허락 없이 내용의 일부를 인용하거나 발췌하는 것을 금합니다.
ISBN 978-89-6559-130-6 74910 | 978-89-6559-129-0(세트)
정가 9,500원

*잘못된 책은 구입하신 곳에서 바꿔드립니다.

초등학생을 위한 인천역사 문화여행

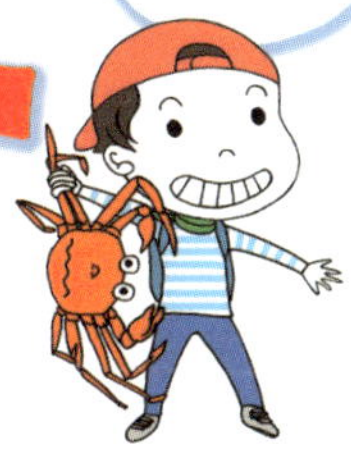

서예나 글 | 김수옥 그림

차례

01 바다와 육지의 정거장, 인천항
옛 이름 제물포 ·· 8
21세기의 인천항 ·· 12
인천상륙작전의 길잡이 팔미도 등대 ··············· 16

02 한국 안의 작은 중국, 인천 차이나타운
웰 컴 투 차이니즈! ··· 22
마을이 온통 붉은 색이야 ··································· 25
자장면이 탄생한 곳 ·· 28

03 여기가 제일 먼저! 자유공원
만 나라가 모인 곳이라고? ································ 34
맥아더 장군과의 사진은 필수! ························· 37
또 하나의 볼거리, 홍예문 ·································· 40

04 가슴 아픈 사연이 있는 소래포구
소금을 수탈하기 위한 곳이었다고? ················ 46
지금은 인기 있는 관광어촌! ····························· 50
보름 전후에 가면 더 좋아 ································· 53

05 섬인 듯 섬 아닌 섬 월미도
'그 모오든 쇠붙이는 가라!' 58
배를 타고 갈 수 없는 섬 61
새롭게 탄생한 월미도 64

06 지금 뜨는 곳! 인천의 새로운 중심지 송도국제도시
바다 위의 도시 송도 68
송도에 투자 하실래요? 71
세계에서 가장 똑똑한 도시 74

07 물건과 사람이 세계로~세계로 인천국제공항
갯벌을 메워 만든 땅이라고? 80
허브 공항으로 불러다오! 83
10년 연속 1위! 85

08 지붕 없는 박물관 강화도
강화도는 무덤 천국이라고? 90
단군왕검의 기운을 느껴봐 93
단군의 세 아들이 쌓은 삼랑성(정족산성) 96
몽골에 절대 항복 못해! 99
조선을 지켜라! 102

01 바다와 육지의 정거장, 인천항

01 바다와 육지의 정거장, 인천항

옛 이름 제물포

인천은 우리나라를 대표하는 항구 도시이자, 국제도시예요. 서해 바다를 접하고 있어 예전부터 외국과의 문물 교류가 활발했지요. 그렇다면 인천은 언제부터 어떻게 발전했을까요? 인천의 발전을 이야기하기 위해서는 인천항을 빼고 이야기할 수는 없어요.

인천항은 인천 중구에 있는 항구로, 1876년 조선과 일본 간에 맺은 불평등 조약인 강화도 조약을 계기로 부산항과 원산항에 이어 세 번째로 문을 열고 외국의 문물을 받아들였어요. 강화도 조약은 우리나라가 외국과 맺은 최초의 조약이에요.

그 당시 제물포라 불리던 인천항은 아주 한적한 어촌 마을에 지나지 않았어요. 하지만 강화도 조약 이후 일본과 청나라 등지에서 무역 상인들이 찾아들기 시작했어요. 이들 무역 상인에 의해 쌀과 인삼 등 조선의 특산물이 수출되었고, 외국에서 면직물과 공산품 등이 수입되었지요. 그러다 1907년에 이르러 인천항은 전국에서 가장 많은 양의 물건을 처리하게 되었답니다.

인천항이 최대 물량을 취급하는 항구가 될 수 있었던 까닭은 국내외의 지리적 위치가 아주 좋았기 때문이에요. 인천항은 동북아시아의 중앙에 자리 잡고 있는 데다가 우리나라 소비자들이 많이 모여 사는 서울, 경기도와 가까이 위치해 있으니까요.

인천은 우리나라뿐만 아니라 아시아의 여러 나라들과 물건을 사고파는 데 있어 가장 알맞은 곳에 있어요. 그래서 인천항에 큰 배가 드나들 수 있는 시설을 만들어 많은 물건을 수출 및 수입하기 시작한 거예요.

인천항의 성장세는 계속되었고 이후 30여 년간 인천항에서 외화로 벌어들인 수입은 약 40배가량 껑충 뛰었어요. 이 덕분에 인천은 조선, 건설 산업의 발전도 동시에 이루게 되었고, 일자리 창출 등의 경제적 이점도 누렸지요.

이렇듯 인천은 한때 외교와 경제 중심지 역할을 했고, 이것을 기반으로 큰 도시로 우뚝 성장했답니다.

경인 아라뱃길의 이모저모

2012년, 서울시 개화동에서 인천시 서천동을 잇는 길이 18km, 너비 80m, 수심 6.3m의 거대한 물길이 열렸다. 바로 국내 최초의 내륙운하인 경인 아라뱃길이다.

원래 경인 아라뱃길은 800여 년 전, 고려 시대에 이미 한 차례 개척 시도가 있었다. 당시 각 지방에서 거둔 조세를 중앙정부로 운송하던 길은 김포와 강화도 사이의 바닷길을 거쳐 한강의 마포로 운송하는 항로였는데 강화도 바닷길은 만조 때만 운항이 가능했고, 뱃길도 위험한 편이라 안정적인 뱃길이 필요했기 때문이다. 하지만 당시 기술로는 단단한 암석층을 뚫을 수 없어 결국 실패로 끝나고 말았다. 이후로도 오랜 시간 꾸준히 운하 건설이 추진되어 왔으나 번번히 실패를 거듭하다가 마침내 2012년 완공되었다.

경인 아라뱃길은 홍수가 났을 때 인근 지역의 홍수량을 서해 바다로 흘려보내는 치수기능, 선박을 이용한 물류수송기능, 다양한 관광레저 기능을 담당한다.

02 바다와 육지의 정거장, 인천항

21세기의 인천항

　초기의 인천항인 제물포는 현재와 많이 다른 모습이었어요. 제물포는 밀물과 썰물의 차이가 10m나 되는 조건을 가지고 있거든요. 밀물과 썰물의 차이가 크면 물의 흐름이 세기 때문에 배가 제대로 정박하기도 어렵고, 배가 드나드는 데에도 불편을 겪어요. 이렇게 되면 물건을 실어 나를 때도 당연히 어려움을 겪겠지요?

　인천항은 이 불리한 조건을 극복하기 위해 앞바다에 '갑문식 독'을 건설했어요. 갑문은 댐이나 독에서 물을 가두는 문을 가리키는 말로 바닷물의 이동을 막거나 배를 통과시킬 때 사용하지요.

　1974년에 갑문 건설이 완성되었고 덕분에 인천항은 항상 일정한 물의 높이를 유지시킬 수 있었어요. 당시 인천항의 갑문은 동양 최대 규모였답니다.

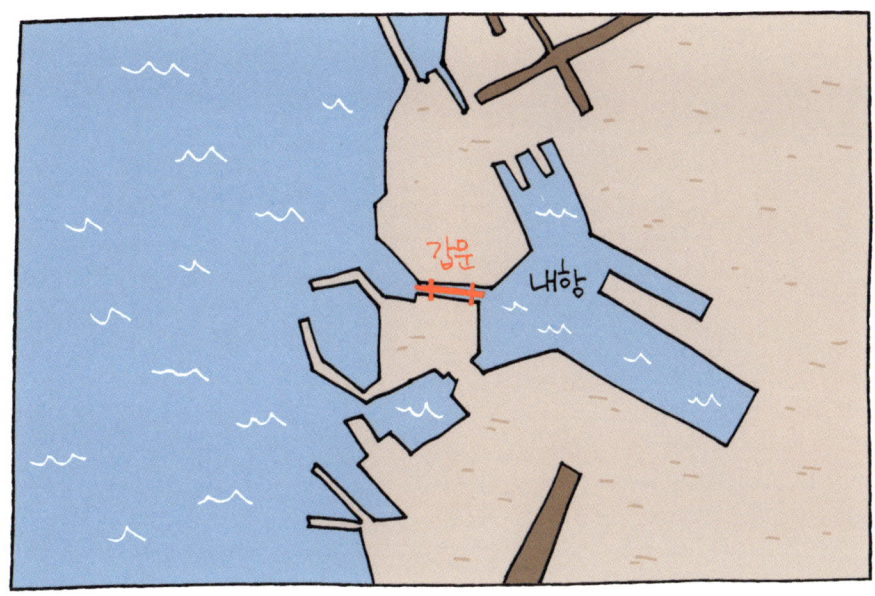

갑문
밀물과 썰물에 영향을 받지 않고 배가 항상 드나들 수 있도록
바닷물의 높이를 일정하게 조절하기 위해 만든 문

 이렇게 해서 만들어진 인천항의 내항은 5018m의 안벽에 최대 5만 톤급의 선박을 수용할 수 있어요. 총 8개의 부두로 이루어져 있으며 각각의 부두마다 취급하는 화물이 다르답니다.
 이처럼 조수 간만의 장애물을 극복하고 세계적인 규모로 성장할 수 있었던 인천항은 국제화 시대를 맞이해 또 다른 변화를 하게 되었어요.
 우리나라의 이웃 국가이자 무역 국가인 중국의 경제 규모가 1990년대에 들어서면서 점점 커짐에 따라 인천항도 규모가 점점

❶ 배가 내항에 접근하면 바닷물이 빠지지 않도록 뒤쪽 갑문이 닫힌다.

❷ 안쪽 갑문이 수위를 조절해 내항과의 물 높이를 맞춘다.

❸ 안쪽 갑문이 안전하게 열린다.

❹ 배는 안전히 내항으로 진입한다.

커지고 있거든요. 인천항은 우리나라에서 중국과 가장 가까운 항만으로 중국과의 수입·수출이 계속 증가하는 상태예요. 인천항은 이를 대비해 북항과 남항을 개발했고 2000년대 초에 공사를 마무리했어요. 북항은 주로 공해성 화물을 처리하고, 남항은 연안화물선과 바지선 등 중소형 화물선을 처리해요.

덧붙여 1999년에는 국제여객터미널을 설치했는데, 중국과 우리나라를 오고가는 항로가 만들어져 운행 중에 있어요.

앞으로도 인천항은 해양관광, 레저문화를 위한 시설을 설치할 계획이라 하니 항만 기능에 휴양과 관광 기능이 합쳐진 멋진 공간으로 변신할 모습을 기대해 주세요.

"인천항은 무역항이야!"

03 바다와 육지의 정거장, 인천항

인천상륙작전의 길잡이 팔미도 등대

　인천항에는 6·25전쟁 중 펼쳐진 인천상륙작전을 성공적으로 이끈 팔미도 등대가 있어요. 우리나라 최초의 근대식 등대지요. 그런데 이 팔미도 등대는 일본의 요구로 만들어진 등대라는 사실을 알고 있나요?

　개항 후 일본은 조선 정부에 자기 나라 배들의 안전한 운항을 위해 인천항에 등대 설치를 요구하였고, 결국 조선 정부는 프랑스에서 돈과 기술을 빌려 등대를 만들게 되었어요. 이렇게 해서 만들어진 등대는 높이 7.9m, 지름 2m로 1903년 4월에 준공되었고 같은 해 6월 1일 처음 점등되었어요. 팔미도에 세워진 등대라고 해서 팔미도 등대라는 이름을 갖게 되었답니다.

　그런데 팔미도 등대가 어떻게 인천상륙작전 성공에 한몫을 하게 되었냐고요?

남한은 1950년 6·25전쟁 초기 당시 북한군의 기습 공격에서 벗어나야 했고, 그러기 위해서는 가장 먼저 남한의 수도 서울을 되찾아야 했어요. 이에 따라 맥아더 장군은 유엔군을 서울로 접근할 수 있는 가장 가까운 항구인 인천항에 상륙시키기 위한 계획을 세워 실천에 옮기기로 했지요.

그런데 이 인천상륙작전을 개시하기 위해서는 팔미도 등대의 점령이 필수였어요. 적에게 들키지 않기 위해서는 깜깜한 밤에 이동을 해야 했거든요. 즉 인천항의 밤바다를 밝혀 주고 이정표 역할을 하는 팔미도 등대가 반드시 필요했던 거예요. 이에 맥아더 장군은 팔미도 등대 점령의 임무를 특공대에게 부여했고, 특공대원들은 팔미도에 있는 북한군을 몰아내고 팔미도 등대를 밝혔어요. 이 덕분에 인천 앞바다에서 대기하고 있던 함선들이 인천으로 무사히 진입을 할 수 있었고, 인천상륙작전도 무사히 마칠 수 있었지요.

이렇게 해서 팔미도 등대는 인천상륙작전을 성공적으로 이끄는 길잡이 역할을 톡톡히 했다는 평가를 받게 되었어요.

그러나 찬란한 역사를 가진 팔미도 등대도 100여 년의 시간이 지나면서 점점 낡아 제구실을 하지 못하게 되었고, 이 까닭에 새 팔미도 등대가 2003년에 세워졌어요. 현재 옛 팔미도 등대는 인천광역시의 지방문화재로 지정되었답니다.

세계 최초의 등대, 파로스 등대

등대는 바닷가나 섬에 탑 모양으로 우뚝 서서 배들이 안전하게 운항할 수 있게 밤길을 비추는 시설이다. 그렇다면 등대는 언제, 누가 만들었을까?

고대 지중해 사람들은 선원들을 위해 먼 바다에서도 잘 보이도록 항구에 거대한 동상이나 신전 등을 세웠다. 하지만 배들이 낮에만 운항하는 게 아니기 때문에 밤에도 멀리서 알아볼 수 있는 시설물이 필요하단 것을 깨닫고 등대를 만들었다. 이것이 바로 기원전 2백 80년경 파로스 섬에 세워진 파로스 등대다.

파로스 등대는 프톨레마이오스 2세의 명령으로 소스트라투스가 만들었다. 높이 120m로, 오늘날 등대처럼 가늘고 둥근 형태가 아닌 맨 아래층은 4각형, 가운데층은 8각형, 꼭대기 층은 원통형인 거대한 빌딩 구조였다. 단순히 등대의 기능만 있었던 게 아니라 등대 내부에 있는 300개 이상의 방에 수많은 군인들이 머물면서 적의 침입을 감시하는 역할까지 했던 것으로 추측된다. 7세기 이후 이집트가 아랍에 점령당했을 때도 등대로서의 제 역할을 하며 잘 보존되어 오다가 850년경 신성로마제국과 이슬람교도 간의 전쟁으로 전화에 휩싸이게 되었다.

그 후 1375년 엄청난 대지진으로 파로스 등대는 흔적도 없이 사라졌다가 20세기 초 독일 고고학자들의 노력으로 등대가 있던 곳이 발견되었다.

02
한국 안의 작은 중국
인천 차이나타운

01 한국 안의 작은 중국, 인천 차이나타운

웰 컴 투 차이니즈!

여러분, 이번 주말 중국 여행 어때요? 여권도 비행기 표도 없다고요? 그럼 인천의 '차이나타운'으로 가 보세요. 차이나타운은 중국인 거주 지역이라는 뜻으로, 그곳에 가면 중국의 문화를 온몸으로 느낄 수 있답니다.

사실 우리나라에는 몇 군데의 차이나타운이 있지만, 인천의 차이나타운이 가장 역사가 깊어요. 이곳에 사는 화교들은 현재 화교 4~5세대까지 뿌리를 내렸는데, 자신들의 고향인 중국의 풍습을 지키면서, 또 한국의 풍습을 받아들이기도 하며 우리와 함께 살고 있어요.

그런데 인천 차이나타운은 어떻게 해서 우리나라에 가장 먼저 생겨나게 되었을까요?

　약 130년 전 1882년에 임오군란*이 있었는데, 중국의 청나라 군대가 이 난을 제압하기 위해 현재의 인천을 통해 조선으로 들어왔어요. 이때 청나라 군인을 상대로 장사하는 군역상인들도 따라 들어오게 되었지요. 하지만 이 군역상인들은 전쟁이 끝난 후 자기 나라로 돌아가지 않았어요. 조선 상인과 무역을 하는 것으로 생계 수단을 마련했거든요.

　그러다 1883년에 인천의 제물포항이 개항되고 이듬해 청국 조계지*가 설치되면서 본격적으로 중국인이 우리나라로 이주하기 시작했어요. 이때 청나라 영사관, 화교

*임오군란 조선이 개화하는 과정에서 구식 군인들이 일으킨 난

*조계지 개항 지역 인근에 외국인이 자유롭게 거주하며 치외법권을 누릴 수 있도록 설정한 구역

학교, 종교 시설 등 중국풍의 전통 건축물도 세우게 되었지요. 그러자 더 많은 중국인들이 인천으로 몰려들게 되었고, 이와 더불어 이들이 모여 사는 마을이 인천 선린동 일대에 자연스레 만들어지게 되었어요. 그곳이 바로 '차이나타운'이에요.

차이나타운에 사는 한국 화교들은 잡화점과 중국 음식을 파는 식당 등을 운영하면서 생계를 이어왔어요. 1900년대 초 중국 음식에 매력을 느낀 사람들이 차이나타운에 몰려들었고, 한때 인천 제일의 상업지로 이름을 날릴 정도로 장사가 잘 됐어요. 하지만 1950년대 한국 전쟁을 겪으며 쇠퇴의 길을 겪다가 2001년 인천국제공항 개항을 계기로 조금씩 상권이 되살아나고 있답니다.

게다가 21세기에 들어서면서 중국이 국제 사회에서 차지하는 위상이 점점 커지고 있어요. 이 덕분에 중국의 문화와 역사에 관심을 가지게 된 많은 사람들이 이곳을 방문하고 있어 현재 차이나타운은 인천에 오면 꼭 한 번 들러야 하는 곳이라고 불릴 정도로 관광 명소가 되었답니다.

02 한국 안의 작은 중국, 인천 차이나타운

마을이 온통 붉은 색이야

차이나타운에 가 보면 중국인이 붉은색을 정말 좋아한다는 사실을 금방 알 수 있어요. 각종 간판, 현수막 등 온통 붉은색으로 거리가 가득하거든요.

'오성홍기'라 부르는 중국 국기도 바탕이 붉은색이에요. 또 중국 공산주의 혁명가인 모택동의 군대도 '붉을 홍(紅)'을 써서 '홍위병'

이라고 이름을 지었을 정도예요.

중국인들은 왜 이토록 붉은색을 좋아하는 걸까요? 그 이유는 중국의 문화와 깊은 관련이 있어요.

25

그중 하나는, 오래 전부터 중국인에게 붉은색은 귀신을 몰아내는 색으로 인식되었기 때문이래요. 중국 사람들은 귀신은 음침한 음(陰)의 기운을 갖고 있는데, 이것을 물리치기 위해서는 밝은 양(陽)의 기운이 필요하다고 생각했대요. 그래서 태양의 색인 붉은색을 집안 곳곳에 사용해서 귀신이 나타나는 깜깜한 밤에도 귀신이 접근할 수 없게 했다고 해요.

또 다른 이유는 한나라 시대부터 조정의 높은 관리들이 붉은색 관복을 입었고, 신분이 낮은 사람들은 검은색 관복을 입었던 데에서 비롯되었다고 해요. 그러니까 이때부터 붉은색은 높은 신분을 상징하게 되었던 거지요. 아무래도 신분이 높으면 좋은 대접을 받고 돈을 많이 벌 수 있으니까 붉은색이 돈을 상징하는 것으로 연결된 거예요.

이렇게 해서 붉은색이 오랫동안 중국인들의 마음에 자리 잡았고, 대대로 전해 내려오면서 '경사와 기쁨'을 뜻하는 색으로 여겨지게 된 거랍니다.

*춘절 음력 1월 1일로, 우리의 설날에 해당하는 중국 최대의 명절

그래서 중국의 가장 큰 명절인 춘절*에는 집이나 문 입구에 붉은 종이에 글귀를 적어 붙이고, 각종 기념식장이나 개업식장의 행사에도 붉은색 현수막과 커튼 등으로 화려하게 장식을 한답니다. 특히 결혼식장도 온통 붉은색

으로 가득 차 있는데, 신랑 신부 모두 붉은색으로 장식된 화려한 옷을 입어요. 뿐만 아니라 축의금도 붉은색 봉투에 넣어서 주지요.

이제 중국인들의 붉은색 사랑이 이해되나요? 붉은색은 중국인들이 가장 좋아하는 색이자, 중국을 대표하는 색으로 오늘날까지도 즐겨 사용되고 있답니다.

03 한국 안의 작은 중국, 인천 차이나타운
자장면이 탄생한 곳

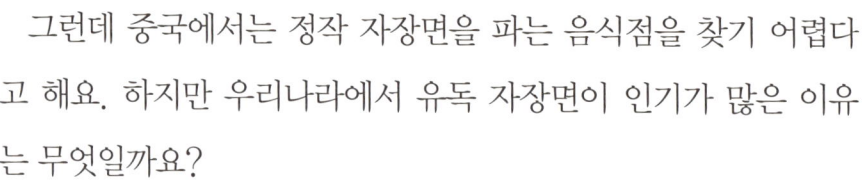

　차이나타운에는 방문객들이 들르지 않으면 못 배길 만큼 중국음식점들이 많이 늘어서 있어요. 하나같이 자장면을 대표 음식으로 내세워 방문객들의 발길을 붙잡아요. 그래서인지 차이나타운 하면 자장면을 제일 먼저 떠올리게 된답니다.

　그런데 중국에서는 정작 자장면을 파는 음식점을 찾기 어렵다고 해요. 하지만 우리나라에서 유독 자장면이 인기가 많은 이유는 무엇일까요?

　자장면은 1883년 인천항을 개항하면서 건너온 일부 청나라 사람들에 의해 알려지기 시작했어요. 이들은 조선에 터를 잡고 살아가기 위해 청나라 음식을 파는 '청요릿집'을 열었어요. 이곳에서는 고급스럽고 특별한 음식을 주로 팔았는데, 중국 산둥 지방 가정에서 주로 해 먹는 자장면도 메뉴판에 올라가게 되었지요. 당시 우리나라로 건너온 사람들 중에 산둥 지방 사람들이 특히 많았거든요.

산둥식 자장면은 중국식 춘장에 면을 비벼 먹었는데, 채소는 넣지 않고 파 정도만 썰어 넣는 형태였어요. 이때까지만 해도 지금의 한국식 자장면은 나타나지 않았지요. 오늘날 우리가 즐겨 먹는 한국식 자장면이 등장한 것은 시간이 흘러 한국 전쟁이 끝난 뒤예요.

전쟁 후 중국으로 돌아가지 않고 남은 화교들은 대부분 음식점을 차렸어요. 그리고 이들은 한국 사람들에게 음식을 팔기로 했지요. 그래서 한국인 입맛에 맞는 메뉴를 개발하면

서 산둥식 자장면을 새롭게 만들었답니다.

　느끼한 것을 싫어하는 한국 사람들 입맛에 맞추어 자극적인 재료는 쓰지 않고 춘장을 기름에 볶고, 채소와 고기를 더해 고소한 맛을 더했어요. 이 새로운 음식 맛에 한국 사람들의 반응은 폭발적이었고 더불어 선풍적인 인기를 끌게 되었지요.

　그 후 이 요리법을 전수받은 화교들이 전국 각지에 식당을 차리기 시작하면서 자장면은 중국 음식이 아닌 한국 음식으로 자리를 잡게 된 거랍니다.

　지금 자장면은 흔하게 먹을 수 있는 서민적인 음식이 되었지만 처음 생겨났을 당시만 해도 고급 음식으로 여겨졌어요. 1960년대에는 학교 졸업식 때나 맛볼 수 있는 귀한 음식이었을 정도였으니까요.

공식적으로 한국에서 처음 자장면을 만들어 판 곳은 1905년에 문을 연 공화춘으로 기록되어 있어요. 지금은 영업을 하지 않고 '짜장면 박물관'으로 재탄생했는데, 이곳에는 자장면에 대한 모든 것이 전시되어 있답니다.

짜장면 박물관이라고 들어는 봤나?

인천 차이나타운에 가면 철가방을 들고 금세 거리로 뛰어나올 것 같은 아저씨 한 분이 있다. 그곳이 바로 짜장면 박물관이다. 2층으로 된 이 건물은 원래는 공화춘(共和春)이라는 중국음식점이었다. 2010년 인천광역시 중구에서 바로 이 공화춘을 매입해 짜장면을 주제로 한 국내 최초, 국내 유일 짜장면 박물관으로 탈바꿈시켰다.

2012년 4월 문을 연 짜장면 박물관은 현재까지 약 20만 명의 국내·외 방문객들이 찾고 있으며, 특히 인천 차이나타운에서 중국음식을 먹고 인근 월미도, 연안부두, 한중문화관, 인천개항장근대건축전시관, 인천개항박물관 등 주변 관광지와 연계해 관광을 즐김으로써 수도권 대표 관광지로 명성을 높여 가고 있다.

짜장면 박물관에는 짜장면에 관련된 다양한 볼거리를 전시하고 있어 중·장년층에는 옛 추억을, 젊은층에는 근대 음식 문화를 둘러볼 기회를 제공하고 있다.

03

여기가 제일 먼저!
자유공원

01 여기가 제일 먼저! 자유공원

만 나라가 모인 곳이라고?

*파고다 공원 1919년 3.1 운동의 발상지로 탑공원, 탑골공원이라고도 함

　인천광역시 중구 송학동의 응봉산에 조성된 자유공원은 서울에 있는 파고다 공원*보다 9년 먼저 문을 연 우리나라 최초의 서구식 공원이에요.

　한때는 만국공원이라 불렸는데 여기서 '만국'은 세계 모든 나라를 가리키는 말로, 다양한 사람들이 모여 있는 공원이라고 해서 붙여진 이름이에요.

　그렇다면 어째서 이곳에 만 나라의 사람들이 모여 살게 되었을까요?

　개항 후, 세계 각지의 사람들이 제물포항을 통해 인천으로 몰려들었던 때가 있었지요? 이때 일본이나 청나라 사람뿐 아니라 미국, 영국 등에서 서양 사람들도 오게 되었는데, 자연스레 제물포항과 가까운 곳에서 서로 모여 살게 된 거예요.

　이 사람들은 대부분 각국 외교관이나 무역상 직원들이었어요. 이들은 생활 편의를 위해서 주변에 영국, 청국, 일본의 영사관을 세웠고, 서로의 친목을 도모하기 위해 사교 시설인 제물포 구락부도 만들었어요. 구락부는 일본어를 한자로 표기한 것으로 '클럽', '단체'를 뜻해요.

　제물포 구락부는 벽돌로 지어진 2층짜리 건물로 지붕은 양철로 되어 있고 실내에는 사교실, 도서실, 당구대 등의 시설이 있었

다고 해요. 모국을 떠나 낯선 타국에 자리 잡은 사람들에게 마음의 쉼터 같은 공간이었지요. 현재는 인천유형문화재 제17호로 지정되어 관리되고 있어요.

한편, 앞서 말한 것처럼 자유공원의 처음 이름은 만국공원이었어요. 그런데 일제 강점기 시절을 맞게 되면서 자유공원은 시련을 겪게 돼요. 일본 사람들이 자유공원 맞은편에 동(東)공원을 조성해 자신들의 신사(神社)를 세우고, 자유공원은 자기들 마음대로 서(西)공원이라고 바꾸어 부른 거예요.

이후 1945년 광복이 되면서 서(西)공원은 만국공원이라는 이름을 되찾게 되었고, 이후 1957년 인천상륙작전 성공 기념으로 맥아더 장군의 동상이 세워지면서 이름도 '자유공원'이라고 바뀌었어요. 자유공원은 인천상륙작전으로 우리나라가 자유를 다시 되찾았다고 해서 붙여진 이름이랍니다.

02 여기가 제일 먼저! 자유공원

맥아더 장군과의 사진은 필수!

인천의 자유공원에는 맥아더 장군을 기념하기 위한 동상이 세워져 있어요. 맥아더 장군을 모르면 인천 시민이 아니라는 말이 있을 정도로, 맥아더 장군은 인천 시민에게 아주 유명하지요.

우리나라에 세워진 동상은 주로 훌륭한 업적을 세운 왕이나 나라를 위해 몸을 바친 위인들로, 거의 우리나라 분들이에요. 외국인을 기념하기 위해 세운 경우는 드물어요.

그런데 외국인인 맥아더 장군의 동상을 세웠다는 건 그만큼 그의 업적을 아주 높이 평가한다는 뜻으로 해석할 수 있어요.

맥아더 장군은 1950년 6·25전쟁 당시 '인천상륙작전'을 성공적으로 이끈 분이에요. 여기서 잠깐 1950년 즈음의 시기로 거슬러 올라가 볼게요.

앞서 언급했듯, 1950년 북한군이 남침을 시도한 이후 전투를 시작한 지 사흘 만에 서울이 북한군에게 점령을 당하는 일이 발생했어요. 이에 미국은 유엔*군을 보냈고 총사령관인 맥아더 장군은 자신의 전용비행기를 타고 대한민국의 형세를 살폈어요. 그러고는 '인천상륙작전'을 계획했지요. 인천상륙작전은 6·25전쟁의 전세를 뒤바꾸기 위해 계획된 것으로, 유엔군이 맥아더 장군의 지휘 아래 인천 앞바다에 상륙한 작전을 말해요.

*유엔 국제 평화와 안전을 유지하기 위해 세워진 국제 평화 기구

인천상륙작전은 9월 15일에 개시되었고 그날 새벽, 작전이 성공하면서 9월 28일 드디어 서울을 되찾게 되었어요. 이때 남한군의 손실은 아주 적었답니다.

인천상륙작전이 성공한 덕분에 북한군의 사기는 크게 떨어져 전쟁은 새로운 국면으로 접어들었어요. 이 기세를 몰아 남한군은 10월 20일에 평양을 점령하고, 10월 26일에는 압록강에 이르렀

어요. 이러한 이유로 맥아더 장군은 한국 전쟁 역사에 있어 큰 공을 세운 인물로 평가받았고, 그것을 기념해 동상을 세우게 되었어요. 맥아더 장군은 '노병은 죽지 않는다. 다만 사라질 뿐이다.'라는 명언을 남기기도 했지요.

이 외에도 자유공원 정상에는 키가 큰 나무들과 함께 '한미수교 100주년 기념탑'이 우뚝 솟아 있어요. 1882년 5월에 이뤄진 한미수교통상조약을 기념하기 위한 탑으로, 수교 100주년이 된 1982년에 한국과 미국의 우애를 상징하기 위해 세웠어요. 이 기념탑은 돛 모양으로 된, 총 4쌍의 8개 탑으로 구성되어 있는데 인간, 자연, 평화, 자유를 상징한다고 합니다.

03 여기가 제일 먼저! 자유공원

또 하나의 볼거리, 홍예문

    자유공원 근처에는 2002년에 인천문화재로 지정된 홍예문이 있어요. 홍예문은 문의 윗머리가 무지개처럼 생긴 문이라고 해서 붙여진 이름이에요. '홍예'가 무지개라는 뜻이거든요. 무지개처럼 아름다운 사연을 가진 문화재면 좋겠지만, 홍예문이 만들어진 배경에는 서글픈 일제 침략의 역사가 담겨 있어요.

    홍예문은 일본이 자기 나라의 조계지를 확장하기 위해 세운 건축물이에요. 과거 일본인 조계지는 자유공원 남쪽 언덕에서 해안에 이르는 관동과 중앙동 일대 약 23,140㎡에 달하는 지역이었어요.

    1883년 개항과 더불어 인천으로 건너왔던 일본인은 당시 350명 정도에 불과했어요. 그 후 인천으로 건너온 일본인은 점점 늘어나 1890년 말경에는 4,300명에 이르렀지요. 일본인들의 욕심

은 끝이 없어서 조계지를 끊임없이 넓히려고 했고, 급기야는 인천 전체를 손에 넣기 위해 만석동 일대로 눈을 돌리기 시작했어요.

그런데 당시 일본인들의 조계지였던 해안 지역에서 만석동으로 곧장 통행하기가 매우 불편했어요. 직선 도로가 없어서 많이 돌아가야 했는데 그만큼 시간도 돈도 많이 들었거든요. 그래서 일본인들은 조계지에서 만석동으로 바로 갈 수 있는 도로를 만들기로 했어요. 응봉산 허리를 잘라버리고 터널, 즉 홍예문을 만들 계획을 세웠던 거지요.

홍예문은 화강암을 쌓아 폭 4.5m, 높이 13m, 통과 길이 8.9m로 만들어졌어요. 그리 길지 않은 터널이지만 공사 기간 동안 크고 작은 일들이 번번히 일어나 공사 기간이 예정보다 늘어났다고 해요. 이 공사는 1906년에 시작해 1908년 마무리가 되었는데, 공사 과정에서 흙을 실어 나르던 50여 명의 인부들이 흙더미와 함께 떨어져 목숨을 잃는 사고가 일어나기도 했어요.

시간이 흘러 해방 후, 홍예문은 인천 사람들에게도 편리함을 주었어요. 인천의 남북을 연결해 주는 역할을 하기도 했고, 전망대로서도 훌륭한 장소였지요. 시대가 지나 차량 통행이 증가하면서 홍예문의 이용은 점점 줄어들게 되었지만, 현재 인천의 명물로 자리 잡아 시민들에게 일제침략의 역사를 묵묵히 전해주고 있답니다.

04
가슴 아픈 사연이 있는
소래포구

01 가슴 아픈 사연이 있는 소래포구

소금을 수탈하기 위한 곳이었다고?

　인천에서 포구의 모습을 제대로 간직하고 있는 곳은 어디일까요? 바로 남동구에 있는 소래포구랍니다. 아직도 고기를 잡는 작은 배들이 드나들고, 넓고 평평한 모래 갯벌도 남아 있어요. 주말에는 상인과 손님들이 흥정을 하는 모습도 제법 눈에 띄어요.

　소래포구의 이름 유래에는 몇 가지 설이 있어요. 땅의 모양이 소라처럼 생겨 나온 이름이라는 설, 땅이 좁다는 뜻의 솔다(좁다)에서 비롯됐다는 설, 당나라의 소정방이 백제를 공격할 때 이곳으로 왔는데 그때 출발한 곳이 중국 산둥성 내주였다고 해서 소정방의 '소'와 내주의 '래'를 더해 '소래'가 되었다는 설 등 여러 가지가 있지요.

　사실 소래포구는 소금을 생산하던 곳이었는데, 이와 관련해 아픈 역사가 있어요.

이곳은 원래 작은 배들이 오가는 나루터였지만 1930년대 천일염전*이 생기면서 사람들에게 알려지기 시작했어요. 일제 강점기였던 이 시기에 일본은 이익이 되는 자원은 뭐든 가리지 않고 강제로 빼앗았어요. 소래포구에서 나는 질 좋은 소금도 수탈의 대상이 되었답니다. 그래서 일본은 수원과 인천 사이를 오고가는 철교인 수인선을 건설하면서 소래역까지 만들었어요. 더 많은 소금을 더 빨리 나르기 위해서 수인선 열차를 수단으로 삼은 것이지요.

*천일염전 햇볕과 바람으로 바닷물의 수분을 증발시켜 소금을 만드는 염전

이렇게 빼앗은 소래포구의 소금은 화약 무기의 원료로 쓰였다고 해요.

일제 강점기가 끝난 후에는 한국 전쟁 후 고향으로 돌아가지 못한 실향민들이 소래포구로 조금씩 모여 어업을 생계 수단으로 삼았어요. 그 후 1970년대 인천내항이 들어선 뒤, 인천항 출입이 어려운 소형 어선들까지 점점 몰려들면서 어느 정도 어촌의 모습을 갖추게 되었지요.

소금 생산은 1996년에 중단되었지만 옛날 염전의 모습을 그대로 간직하고 있는 소금창고가 여기저기에 아직 남아 있어요. 그럼 수인선은 어떻게 되었냐고요? 수인선은 꼬마열차라는 별명으로 불리며 1995년까지 영업을 하다가, 이후 2012년 인천과 수원을 연결하는 전철로 다시 개통되어 수도권 지하철로서의 역할을 하고 있답니다.

꼬마열차라고 불리던 수인선

오래 전 수원과 인천 사이를 오갔던 사진 속 수인선 협궤열차는 우리나라 최초의 협궤용 증기기관차로 1927년 수원 기관차 사무소에서 조립되었다. 이 열차는 1937년 수원과 인천을 잇는 약 52km의 수인선이 개통되면서 운행을 시작해 당시 소금 및 쌀 수송과 더불어 인천 시민의 주요 교통수단으로 운행되었다.

02 가슴 아픈 사연이 있는 소래포구

지금은 인기 있는 관광어촌!

　소래포구는 싱싱한 생선과 젓갈, 그리고 이를 흥정하는 상인들이 어우러진 어촌이에요. 하지만 주말이 되면 수도권 주민들이 즐겨 찾는 인기 관광지로 탈바꿈 한답니다.

　소래포구가 관광어촌으로 자리를 잡기 시작한 것은 한국 전쟁 이후, 피난 온 주민들이 생계를 위해 가까운 바다로 나가 새우 잡이를 하면서부터예요. 이때 수인선을 이용해 가까운 지역 상인들이 소래포구에 직접 찾아와 수산물을 사 가면서 수산시장의 모습을 갖추기 시작했어요.

　요즘은 김장철이면 젓갈을 구입하려는 사람들로 북적거려 걸음을 떼기도 힘들 정도예요. 또 1970년대에는 경인고속도로 건설로 교통이 편리해지자 경기도와 서울 주민들도 심심찮게 찾아오게 되었답니다. 그러다가 2012년에 수도권 지하철 수인선 소래포구역이 개통되면서부터는 주말뿐 아니라 평일 나들이 손님도 부쩍 많아졌지요.

그동안 소래포구는 관광어촌으로 거듭나기 위해 다양한 편의 시설을 갖추었어요. 그중 하나가 폐염전을 다시 꾸며 소래습지생태공원을 만든 일이에요. 축구장 40개 정도의 넓이인 이 공원은 대부분 갯벌로 되어 있는데 어린이를 위한 갯벌 체험장으로도 활용되며 최고의 인기를 누리고 있어요.

바로 옆에는 염전 창고를 고쳐 만든 소래생태전시관 건물이 있어요. 옛 염전의 모습, 갯벌과 관련된 정보 등을 전시해 놓았지

요. 3층에는 전망대가 있는데 이곳에서 바라보는 소래포구의 풍경은 기가 막히게 아름답답니다.

공원 산책로를 따라 걷다 보면 자그마치 150톤의 소금을 저장할 수 있는 소금창고가 나와요. 소금창고는 아직도 옛날 그 모습을 간직하고 있어요. 지금은 소금을 생산하지 않지만 이곳을 견학하는 아이들에게는 조금씩 나누어 주고 있다고 해요.

이렇듯 소래포구 방문은 수산물을 싸게 살 수 있고, 책으로만 배웠던 지식을 직접 확인할 수 있는 일석이조의 효과 때문에 모르는 사람이 없을 정도로 유명한 곳이 되었답니다.

03 가슴 아픈 사연이 있는 소래포구

보름 전후에 가면 더 좋아

소래포구는 꽃게와 새우 젓갈이 질 좋기로 유명해요. 이런 소래포구의 싱싱한 해산물을 싸게 살 수 있는 방법이 한 가지 있어요. 바로 날짜를 잘 맞춰 가는 거예요. 음력 보름(보름 3일 전부터 3일 후)이나 그믐(그믐 3일 전부터 3일 후)에 가면 좋아요. 왜 그럴까요? 결론부터 말하자면, 조석 현상이 소래포구의 갯벌에 큰 영향을 미치기 때문이에요.

그럼 조석 현상과 갯벌은 해산물의 가격과 무슨 관련이 있을까요? 그 전에 갯벌이 어떻게 형성되고 발달하는지부터 알아보아요.

갯벌은 바닷가의 넓고 평평하게 생긴 땅으로 수천 년 동안 바닷물이 들어오고 나가면서 형성돼요. 특히 우리나라 서해안처럼 해안선이 구불구불하게 생긴 복잡한 곳에 잘 발달해 있어요. 도로에 장애물이 많으면 자동차가 속력을 내지 못하는 것처럼 해안선이 복잡하면 밀물과 썰물 때 걸리는 곳이 많아져 바닷물이 천천히 움직일 수밖에 없지요.

강이 바다로 천천히 흘러 들어가면서 많은 양의 모래와 진흙을 운반하고, 또 바닷물도 입구로 천천히 흘러 들어올 때 바다 속의 여러 물질을 운반해요. 이렇게 만들어진 갯벌은 영양분이 많아져 바다 생물이 살기 좋은 곳이 되지요.

이제 조석 현상 이야기로 다시 넘어갈게요. 조석 현상은 바닷물이 들어오고(밀물) 나가는(썰물) 일을 하루에 두 번씩 반복하는 것을 말해요. 갯벌은 조석 간만의 차가 클 때 밀물과 썰물의 차이가 커지면서 더 넓어져요. 갯벌이 넓어지면 더 많은 해산물을 채취할 수 있겠죠?

만조(밀물) 달을 향한 쪽과 그 반대쪽은 물이 많아져 해수면의 높이가 높아지는 현상
간조(썰물) 달과 수직을 이루는 쪽은 물이 빠져나가 해수면의 높이가 낮아지는 현상

그런데 한 달 중 조석 현상의 차이가 가장 큰 때가 바로 보름과 그믐이랍니다. 그러므로 소래포구의 해산물을 싼 값에 구입하고 싶다면 이 날에 맞춰 방문해 보세요.

소래포구 축제

소래포구에서는 해마다 10월에 먹을거리와 볼거리가 풍성한 축제가 열린다. 어부들의 안전과 풍어(물고기가 많이 잡힘)를 비는 제사를 시작으로 불꽃놀이, 망둥어 낚시 대회, 특산품 판매, 어린이 그림 대회 등의 여러 행사가 펼쳐진다.

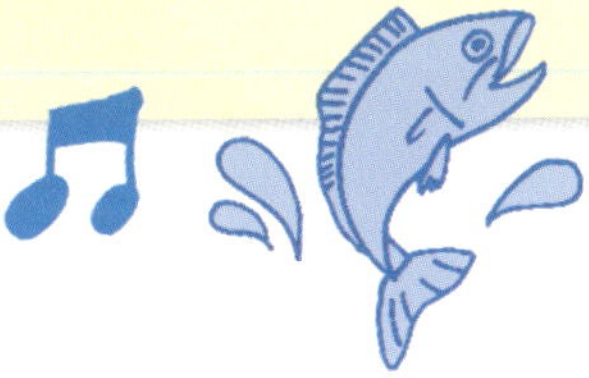

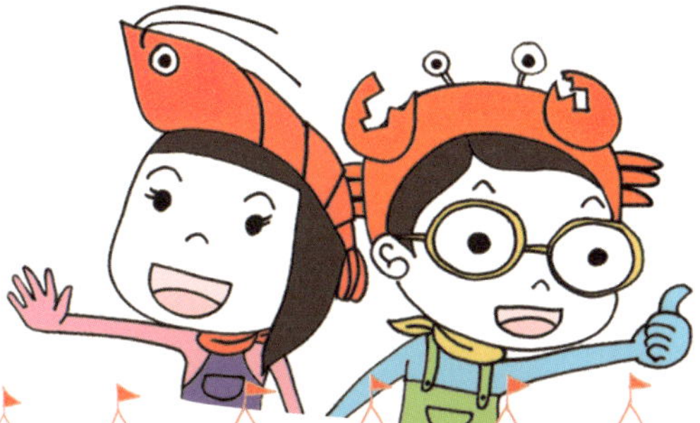

05
섬인 듯 섬 아닌 섬
월미도

01 섬인 듯 섬 아닌 섬 월미도

'그 모오든 쇠붙이는 가라!'

　월미도에서는 2002년부터 '그 모오든 쇠붙이는 가라!'라는 주제로 '월미평화축제'를 열었어요. 이 축제는 50여 년 동안 월미산에 있던 해군사령부가 철수한 것을 기념해 시작되었답니다. 여기서 쇠붙이는 '침략과 전쟁'을 상징해요. 그렇다면 왜 이런 주제로 축제를 여는 걸까요? 그건 상처를 간직한 월미도의 역사와 관련이 있어요.

　평화롭던 어부들의 섬 월미도는 조선 시대에 이르러 미국, 러시아, 일본 등이 조선 침략을 위한 발판으로 삼으면서 시련을 겪기 시작했어요. 병인양요(1866년)를 일으킨 프랑스 함대는 그들의 사령관 '로즈'의 이름을 붙여 '로즈 섬'이라 부르면서 월미도를 자기들 마음대로 사용하며 섬에 들어와 행패를 부리기도 했어요.

　이들 외세의 목표는 조선 침략이었고, 그것을 위해서는 우선

제물포를 점령해야 했어요. 그런데 제물포항은 조수 간만의 차이가 컸기 때문에 자기네 나라의 대규모 함대를 대고, 연료를 공급하기에는 적합하지 않았던 곳이었어요.

그러다 이들은 배를 댈 다른 장소를 물색하던 중 제물포 바로 앞의 월미도가 적합한 장소라는 판단을 내렸어요. 월미도가 영종, 대부 등 여러 섬들에 둘러싸여 있어 풍랑이 일더라도 큰 파도가 칠 걱정이 없고, 큰 배가 항상 정박할 수 있는 데다가 화물 등을 실어 나르는 데 지장이 없기 때문이라는 이유였지요.

그 후부터 미국은 석유 저장 탱크를, 러시아는 석탄 저장 창고 설치를 요청하는 등 필사적으로 월미도를 위협했답니다.

이 시기 조선 정부는 월미도 정상에 대포를 쏘는 시설을 설치하며 외국의 침략에 대비했지만 강화도 조약 이후 인천항을 개항한 후에는 군사적 침략 수단으로 이용당해 1894년에는 청일전쟁, 1904년에는 러일전쟁을 겪고 말아요. 또한 일제 강점기에는 무기를 보관하는 창고를 설치해 군사기지로 사용됐어요.

해방 이후 1950년에는 한국전쟁을 맞아 인천상륙작전 중 북한의 집중 공격을 받으면서 무수한 주민들이 희생되었고, 월미산은 거의 벌거숭이가 되고야 말았어요.

이렇듯 전략적으로 중요했던 섬, 월미도는 조선과 대한민국이 겪었던 거의 모든 전란을 겪었던 곳으로 뼈아픈 역사의 현장이랍니다.

02 섬인 듯 섬 아닌 섬 월미도

배를 타고 갈 수 없는 섬

여러분 월미도에 가 보았나요? 혹시 무엇을 타고 갔는지 기억 나나요? 월미도는 섬이긴 하지만 배를 타고 갈 수 없어요. 배를 타고 가 본 적이 있는 분은 나이가 엄청 지긋하신 할머니나 할아버지일 거예요. 어째서일까요?

월미도로 가는 교통수단은 월미도와 육지를 잇는 1km의 2차선 둑길을 짓기 전과 후로 나뉘어요. 그런데 이 둑길은 1923년에 지어졌어요. 그러니까 최소 1923년 전에 월미도를 가 본 사람이어야만 배를 타고 갈 수 있었던 거죠.

그렇다면 둑길은 왜 지어졌을까요? 첫째는 한강에서 흘러오는 급한 물살을 막기 위해서였고, 둘째는 월미도까지 나룻배에 의존해야만 했던 교통을 편하게 하기 위해서였지요.

전쟁의 고초를 겪은 후, 월미도는 1920년대 초반부터 관광지로서의 모습을 보이기 시작했는데, 이때 월미도는 전국에서 가장 인기가 높은 해수욕장이었어요.

당시 해수욕장으로 유명했던 곳은 함경남도의 원산과 경상남도의 부산으로 모래 백사장이 있었는데, 월미도는 수영장과 수족관, 해수탕*과 공동목욕탕 등의 시설까지 갖추고 있었어요. 또 해수욕장 근처에는 여관, 별장, 보

*해수탕 지하수를 끌어올려 목욕물로 사용하는 목욕탕

트 대여, 매점 등의 시설도 점점 들어서게 되었어요. 그야말로 종합관광지가 되어버린 거지요. 게다가 월미도 바닷물에는 몸속 노폐물을 빼 주는 성분이 있다고 알려져 몸의 치료를 위해 찾아오는 사람들도 많았어요.

이러한 이유로 월미도는 급속히 유명세를 타기 시작했어요. '인천은 몰라도 월미도는 안다'는 말이 나돌 정도였지요. 비록 육지로 연결되어 '섬 아닌 섬'이 되어 버렸지만, 이런 종합 시설을 갖춘 곳은 전국에서 월미도가 유일했기 때문에 전국 각지의 관광객들이 다녀가는 명소가 되었어요.

월미도는 1949년까지 주말에 2천여 명이 모여들 정도로 전성기를 이루었지만 이듬해 발발한 6·25전쟁으로 파괴되어 황폐해졌어요. 그 후 월미도는 미군기지로, 다시 해군기지였다가 월미공원으로 개방되었답니다.

03 섬인 듯 섬 아닌 섬 월미도
새롭게 탄생한 월미도

　월미도는 아픈 역사를 뒤로 한 채 1989년 문화의 거리가 만들어지면서 인천의 대표 유원지로 새롭게 태어났어요. 요즘 사람들이 가장 많이 찾는 월미도 시설은 무엇일까요? 바로 '월미테마파크'예요. 월미테마파크는 처음 1992년 마이랜드를 시작으로 탄생하였는데, 2009년에 약 13,000㎡의 대형 시설로 재단장을 했어요. 이곳에는 바이킹, 범퍼카, 대관람차, 디스코 팡팡 등 다양한 놀이기구가 있어요.

또 월미도에는 유람선을 탈 수 있는 선착장이 있어요. 운항 코스는 월미도를 시작으로 영종도와 작약도로 이어지는 주변의 섬들을 둘러볼 수 있도록 구성되어 있지요. 주변에는 인천항도 있어서 대형 화물선과 여객선을 볼 좋은 기회도 생긴답니다.

　월미도에서 또 한 가지 빼놓을 수 없는 것이 월미산에 있는 전망대예요. 전망대는 높이 25m로 이곳에서는 인천항, 인천국제공항, 송도국제도시, 자유공원 등을 파노라마식으로 볼 수 있어요. 인천 명소를 한눈에 보고 싶다면 이곳에 올라가 보는 것도 좋아요.

　이외에도 월미 문화의 거리, 월미 전통 공원 등 현재 월미도에는 볼거리와 즐길 거리가 가득해요.

　앞서 말한 시설들이 인기를 끌자 덕분에 월미도가 다시 인천을 대표하는 관광 명소로 떠올랐다고 해요. 현재 월미도는 휴일이면 전국 각지에서 모여드는 많은 관광객들로 북적여 활기찬 분위기가 연출된답니다.

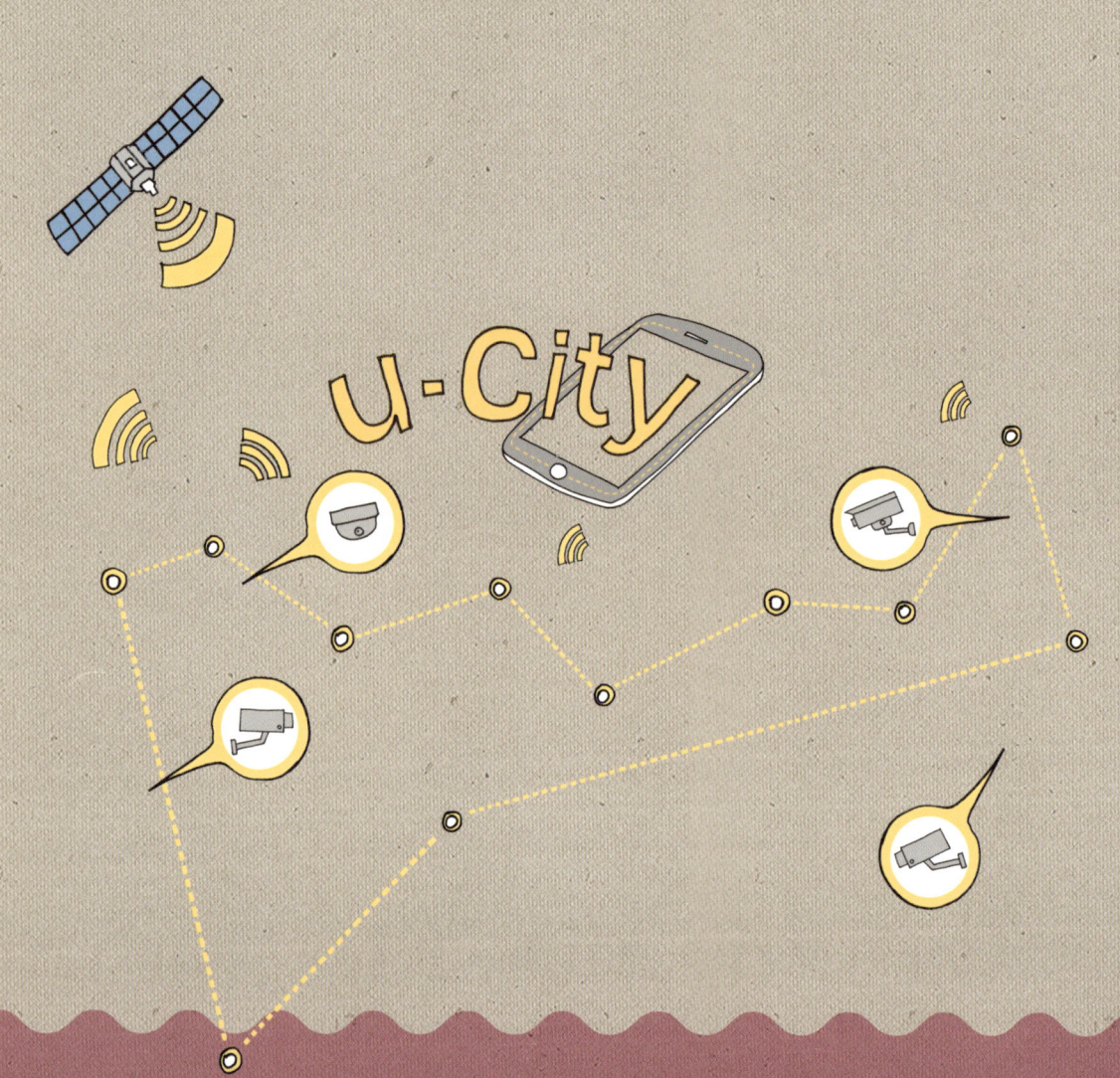

06
지금 뜨는 곳! 인천의 새로운 중심지
송도국제도시

01 지금 뜨는 곳! 인천의 새로운 중심지 송도국제도시

바다 위의 도시 송도

 송도하면 무엇이 떠오르나요? 젊은 세대라면 높고 화려한 건물, 고급스런 레스토랑, 독특한 볼거리 등이 자연스레 떠오를 거예요. 한마디로 인천에서 가장 새로운 장소의 이미지겠지요?

 하지만 송도는 원래부터 이런 모습은 아니었어요. '소나무가 많은 섬'이라고 해서 '송도'라는 이름이 붙여진 데서도 알 수 있듯 송도는 과거 '소나무가 많은 서해의 작은 섬'이었어요. 1960년대에는 유원지로 개발되어 국민들의 각광을 받기도 했었지요.

 그러다 1990년대 초반에 '송도신도시 개발'이라는 프로젝트가 구상되었어요. 본래 이 프로젝트는 수도권의 주택 수요를 모자람 없게 하기 위해 만들어진 것으로, 송도를 주거 신도시로 개발하자는 것이었어요. 그 당시에는 수도권 인구가 점점 늘어나는 바람에 주택 부족 현상이 지금보다 훨씬 심각했었거든요.

　그런데 1996년에 인천광역시가 공항(air-port)과 항만(sea-port)과 정보(tele-port) 3개 부분을 집중적으로 키우겠다는 트리 포트(tri-port) 계획을 발표했는데, 이에 따라 송도 신도시의 개발 방향도 바뀌게 되었지요. 이것은 글로벌 시대에 발맞추어 나아가기 위한 노력의 일환이었어요.

　이에 송도는 국제 사업 및 최첨단 정보통신 산업을 중심으로 하는 세계적인 도시로 발전하기 위해 싱가포르, 두바이, 홍콩 등의 국제도시를 개발의 본보기로 삼았어요.

　그리고 2003년부터 본격적으로 갯벌을 메워 육지로 만드는 간척 사업을 진행하는 것을 시작으로 호텔, 국제 비즈니스 빌딩, 국제 학교 등을 지었어요. 아직도 개발은 진행 중이고, 특히 간척 사업은 2020년까지 53.4㎢의 갯벌(송도 갯벌의 90%)을 메울 예정이라고 해요.

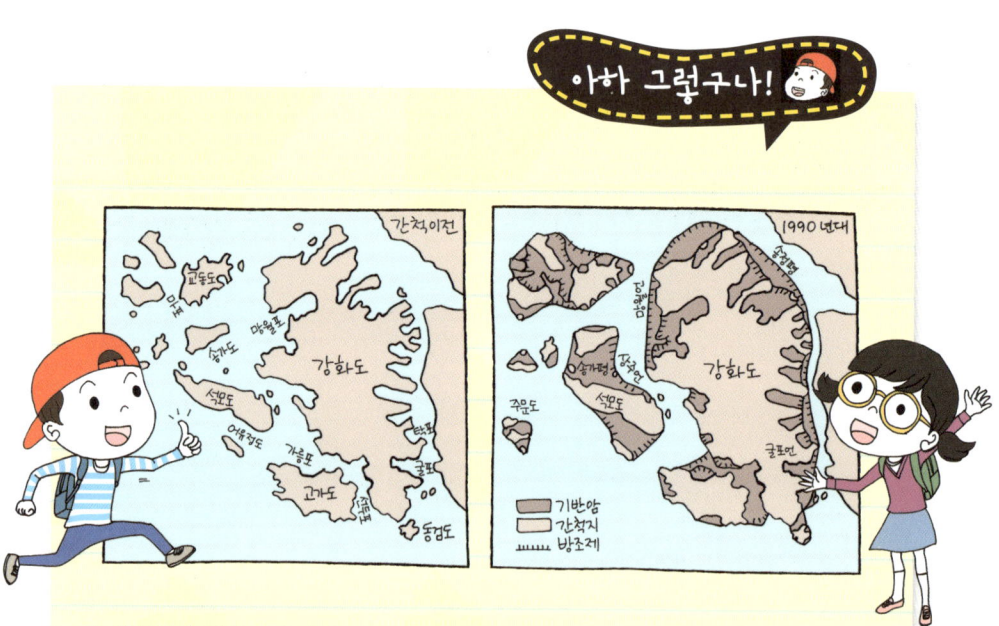

간척 사업은 언제부터 시작되었을까?
우리나라 간척 사업에 대한 기록은 고려 시대 때 찾아볼 수 있다. 『고려사』에 따르면 몽골의 침입으로 수도를 강화도로 옮긴 후 도성이주민들의 자급자족을 위해 강화도의 제포와 와포를 막아 새로운 농경지를 만드는 간척 사업을 시행했다고 한다.

02 지금 뜨는 곳! 인천의 새로운 중심지 송도국제도시

송도에 투자 하실래요?

송도는 지난 2003년 8월에 영종, 청라 지구와 함께 경제자유구역으로 지정되었어요.

송도 지구는 최첨단 정보통신시설과 국제비즈니스센터를 갖추어 국제 업무 단지로, 영종 지구는 항공물류와 관광 단지, 청라 지구는 금융과 레저 단지로 만들어 2020년에 완성될 계획에 있어요.

그런데 경제자유구역이 뭐냐고요? 경제자유구역은 외국 사람들이 사업을 하거나 생활하는 데 불편함이 없는 환경을 만든 곳을 말해요. 앞서 말한 것처럼 실제 송도에는 약 56,000㎡ 정도의 컨벤션센터와 65층짜리 305미터의 동북아무역타워, 쇼핑몰, 고급 호텔, 국제학교 등이 들어서 있답니다.

송도에는 세계 여러 나라 사람과 회사들이 보다 편리하고 자유

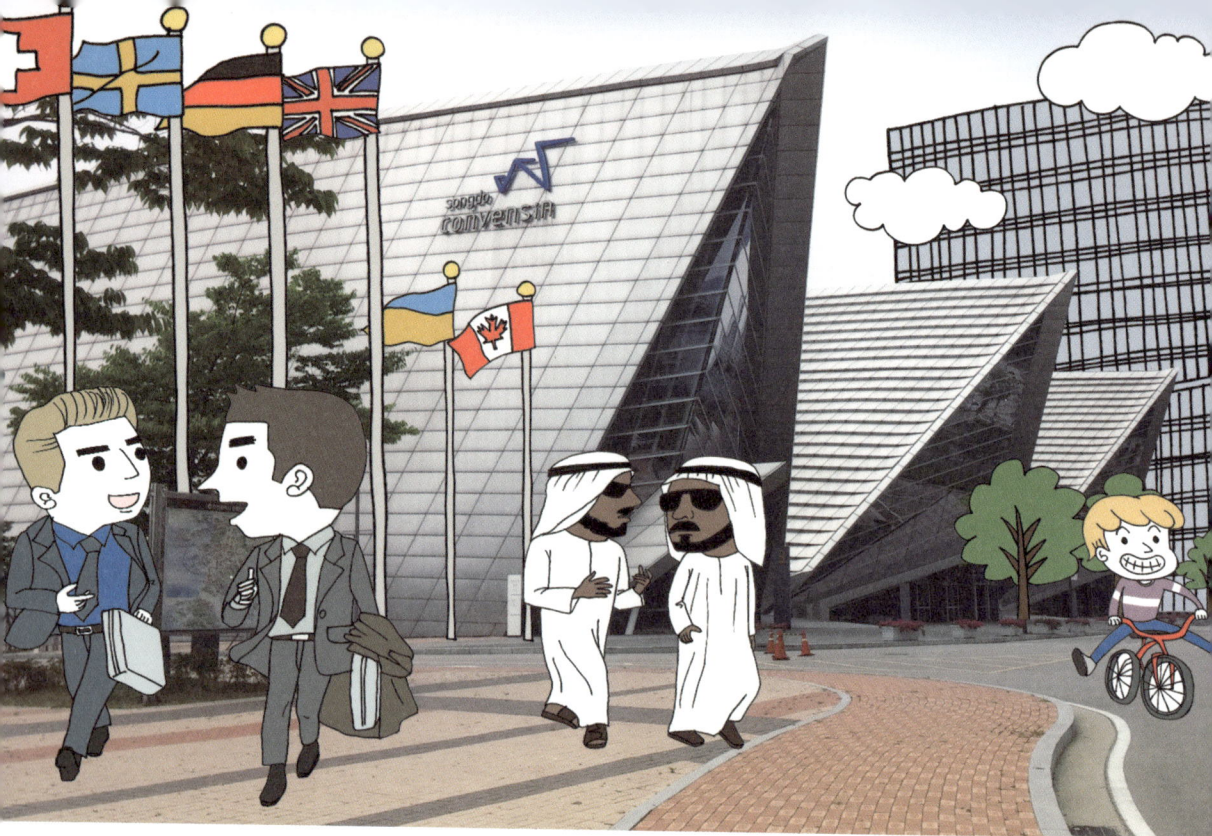

롭게 기업 활동을 할 수 있는 혜택도 마련되어 있어요. 이를 통해 외국인이 들어와 공장을 짓고 회사를 세우는 등의 일이 많아지고, 외국과의 기술 교류와 투자가 활발해져 인천의 발달과 더불어 우리나라의 경제에도 큰 도움을 줄 것으로 기대하고 있어요.

송도에는 현재 200여 개 이상의 다국적 기업이 자리 잡고 있는데, 전국에 지정된 8개의 자유구역* 중에서 외국인 투자 1위를 차지할 만큼 투자가 활발하게 일어나고 있어요.

*8개의 자유구역 인천. 광양만. 부산. 당진 평택. 대구 경북. 새만금. 동해안. 충북

송도는 동북아시아에서 최고의 국제도시로 성장할 계획을 이루기 위해 앞으로도 많은 노력을 기울일 예정이에요. 그 중 하나가 신(新)항만 건설인데요, 송도의 신항만은 이미 2007년에 공사를 시작해 2015년 6월에 부분 개항을 했고, 이에 초대형 크루즈 선박이 입항했어요. 그 외에도 송도는 바이오단지, 지식정보산업단지, 첨단산업클러스터 등을 조성 중에 있고 이들은 모두 2020년에 완공될 계획이라고 해요.

더 멋진 모습으로 태어날 2020년의 송도를 기대해 볼까요?

03 지금 뜨는 곳! 인천의 새로운 중심지 송도국제도시

세계에서 가장 똑똑한 도시

송도는 세계 최고 수준의 유비쿼터스 도시(u-city)로 거듭날 야심찬 계획을 가지고 있어요. 그런데 유비쿼터스가 뭐냐고요? 유비쿼터스는 '언제 어디서나 존재한다.'는 뜻의 라틴어예요. 즉 사용자가 컴퓨터를 통하지 않고 어디서든 자유롭게 네트워크에 접속할 수 있는 환경을 말해요.

그럼 유비쿼터스 도시란 무엇일까요? 도시 곳곳에 컴퓨터와 네트워크를 마치 보도블록 깔듯 심어, 시민들이 보다 편리하고 안전한 생활을 할 수 있도록 하는 서비스를 제공하는 것을 말해요.

도시의 가로등, 다리, 도로, 상하수도 등의 시설물에 칩과 센서가 내장되어 있고 이들은 네트워크로 서로 연결되어 제 기능을 하게 되지요.

　유비쿼터스 도시에서는 자동차가 차선을 이탈할 경우 또는 눈이 와서 도로가 얼어 있을 경우에도 문제없어요. 도로에 설치된 센서가 각종 위험 상황을 감지해, 운전자에게 위험 상황임을 미리 알려주거든요. 또 하천 오염, 산불 발생 등과 같이 자연 재해 가능성이 있는 사고가 발생해도 빨리 대처할 수 있어요. 상황 판단 능력을 갖춘 CCTV가 항상 지켜보고 있기 때문이지요.

홈 네트워크가 설치된 가정은 외출했을 경우에 갑자기 비가 와도 걱정 없어요. 네트워크를 통해 창문이 닫히도록 조정하면 되니까요.

이 외에도 네트워크는 갖가지 방법으로 활용되는데 원격 교육, 원격 진료, 무인 방범, 효율적인 에너지 관리 등 모든 분야에 적용할 수 있어요.

이렇듯 송도는 언제 어디서나 교통·교육·의료·복지 등의 시설을 제공하는 첨단 미래 도시의 건설을 목표로 하고 있답니다.

송도에서 가 볼 만한 곳

· **센트럴 파크** : 뉴욕의 센트럴 파크처럼 도시 속에 대형 공원을 만들어보자는 뜻에서 조성되었다. 센트럴 파크는 여의도 공원의 2배 크기로 대한민국 최초의 해수(海水) 공원과 G-타워가 있다. G-타워는 33층으로 되어 있는데 국제녹색기후기금이 입주해 있다.

· **동북아무역타워** : 우리나라에서 가장 높은 305m의 68층 복합 건물로 65층에는 대한민국에서 가장 높은 전망대가 있다.

· **국제캠퍼스센터** : 뉴욕주립대, 조지메이슨대, 벨기에 겐트대 등이 개교했고, 이밖에 세계의 명문 대학들이 계속해서 입주할 예정이라고 한다.

01

물건과 사람이
세계로~ 세계로
인천국제공항

01 물건과 사람이 세계로~ 세계로 인천국제공항

갯벌을 메워 만든 땅이라고?

　외국 여행을 가거나 유학 또는 취업을 위해 해외로 나가는 경우 반드시 거쳐야 하는 곳은 어디일까요? 네, 바로 국제공항이에요. 대형 여객선을 이용할 수도 있을 테지만, 바쁜 현대사회에서는 배보다 빠른 비행기를 선호하기 때문에 국제공항을 이용하는 경우가 훨씬 더 많지요.

　우리나라에서 국제노선을 가장 많이 가진 공항은 2001년에 문을 연 인천국제공항이에요.

　그 전엔 공항이 없었냐고요? 그렇지 않아요. 인천국제공항이 생기기 전까지는 김포공항을 이용했거든요. 김포공항은 1958년부터 국제공항으로 사용되었는데 시대가 흐르면서 각 나라 사이에 교류가 계속 늘어났고, 이와 더불어 공항을 이용하는 승객의 수도 급격히 많아지자 승객들이 불편함을 겪기 시작했어요. 그래

서 더 넓은 공항으로 확장을 해야 하는 일이 시급해졌지요. 하지만 서울 강서구에 위치한 김포공항은 주변에 살고 있는 주민들이 많아 확장이 어려웠어요.

　이와 같은 이유로 비행기의 이착륙이 편하면서도 서울과 가까운 곳으로 공항을 이전해야 한다는 결론이 내려졌어요. 그리고 고심 끝에 인천의 영종도와 용유도 사이의 갯벌 약 5620㎡(여의도 18배 크기)를 메우기로 했어요. 국제공항의 터를 마련하기 위해서였죠. 이것을 간척 사업이라 하는데 호수나 바닷가를 메워 육지로 변경시키는 사업을 말해요.

　인천국제공항은 1992년에 간척 공사를 시작으로 2001년에 모습을 드러냈어요. 당시에는 '단군 이래 최대의 토목공사'로 일컬어지기도 했지요. 총 공사비는 7조 8000여 억 원이 들었어요. 정말 어마어마하죠?

　인천국제공항이 개항함에 따라 김포국제공항을 오가던 국제선 대부분이 인천국제공항으로 옮겨왔답니다.

02 물건과 사람이 세계로~ 세계로 인천국제공항

허브 공항으로 불러다오!

허브(hub)는 바퀴의 중심이라는 뜻으로, 여기서 나온 허브 공항이라는 말은 그 공항을 중심으로 비행 노선이 전 세계 사방으로 퍼져나간다는 의미예요.

우리가 버스나 기차, 지하철을 타고 이동할 때 다른 차로 환승하는 경우가 생기듯이 비행기를 타고 먼 나라로 이동할 때도 국제선 공항을 거쳐 환승할 때가 있어요. 이때 환승 공항 역할을 하는 공항을 허브 공항이라고 하지요. 예를 들어 미국이나 유럽에서 온 여행객들이 허브 공항인 인천국제공항에 내려 다른 비행기로 갈아타고 일본이나 중국 등 최종 목적지로 가는 거예요. 그러므로 허브 공항은 그 지역의 중심 공항이라고 할 수 있지요.

그렇다면 인천국제공항은 과연 허브 공항으로 불릴 조건을 제대로 갖추고 있는 걸까요?

우선 인천국제공항은 지리적으로 동북아시아의 중심에 위치해 있고, 비행거리 3시간 30분 이내에 인구 100만 이상이 사는 베이징, 홍콩 같은 도시가 43개나 있어요. 또 북아메리카 지역을 잇는 북태평양 노선과 유럽과 동북아시아[*]를 연결하는 시베리아 노선의 최전방에 위치하고 있지요. 덕분에 인천공항을 이용하는 환승객 수는 한 해 700만 명 이상을 차지하고 있답니다.

*동북아시아 아시아의 동북부 지역으로 한국, 중국, 일본 등의 나라가 속함

이쯤이면 세계 교통의 중심에 위치한 공항으로, 각 국가를 연결하는 허브 공항이라 불러도 손색이 없겠지요?

03 물건과 사람이 세계로~ 세계로 인천국제공항

10년 연속 1위!

　인천국제공항은 2005년부터 세계 공항 서비스평가에서 10년 연속 세계 1위를 차지했어요. 정말 자랑스럽지 않나요? 공항은 한 나라를 방문할 때 가장 먼저 거치게 되는 곳으로, 그 나라의 이미지와도 연결되는 중요한 장소예요. 그러므로 인천국제공항은 대한민국의 얼굴이라고도 할 수 있지요. 그렇기 때문에 인천 국제공항의 서비스평가 1위는 남다른 의미를 지니는 것이랍니다.

　인천국제공항은 어떻게 해서 세계 최고의 평가를 받게 되었을까요?

　첫 번째 이유는, 출입국 절차가 간편하고 빠른 공항이기 때문이에요. 출국에 걸리는 시간은 평균 15~20분 정도, 입국은 10~18분 정도

로 세계에서 가장 빠른 수준이에요. 또 환승 최소 연결 시간도 15분으로 다른 공항에 비해 훨씬 앞선다고 할 수 있어요.

　두 번째 이유는, 시간당 약 56,000여 개의 수하물을 처리할 수 있는 수하물 처리 시스템을 사용하기 때문이지요. 여기서 더 놀라운 건 정밀도 면이에요. 정밀도는 정밀함을 측정하는 정도라는 뜻이에요. 수하물 정밀도는 수하물을 항공기에 얼마나 싣지 못했느냐, 즉 기계의 실수로 싣지 못한 수하물 발생 건수로 평가하는데 인천공항은 0.0001%의 오차율로 세계 최고의 정밀도를 기록했어요.

세 번째 이유는, 공항 이용료가 아주 저렴하다는 점이에요. 인천국제공항은 갯벌을 메운 공사 방식을 사용해 공항 건설비가 다른 나라에 비해 상대적으로 적게 들었어요. 이 덕분에 공항시설 사용료를 외국 경쟁공항의 30~70% 수준으로 유지할 수 있었어요.

이 외에도 인천국제공항은 비행기만 타기에는 아까울 정도의 시설과 서비스를 자랑하고 있어요. 스파와 사우나 시설 및 수면실, 아이들을 위한 놀이방, 환승객이 쉬어갈 수 있도록 마련해 놓은 90실 규모의 환승호텔 등이 잘 마련되어 있어요.

또 인천공항 전망대도 있는데 이곳에서는 활주로를 통해 비행기가 이착륙하는 모습을 한눈에 볼 수 있어요.

이렇게 양적으로나 질적으로 세계 최고의 시설을 자랑하는 공항은 인천국제공항이 유일하다고 할 수 있답니다. 꼭 비행기를 타러 가지 않아도 되니, 기회가 되면 인천국제공항으로 한번 구경가 보는 건 어떨까요?

08
지붕 없는 박물관
강화도

01 지붕 없는 박물관 강화도

강화도는 무덤 천국이라고?

    강화도는 고인돌 천국이에요. 고인돌은 약 2000~3000년 전인 선사 시대에 만들어진 무덤을 말해요. 91쪽의 사진을 잘 보세요. 두 굄돌 위에 크고 넓적한 덮개돌이 얹혀 있죠? 이처럼 두 돌이 커다란 덮개돌을 받쳐 괴고 있다고 해서 '고인돌'이라 부른답니다.

    고인돌의 종류는 몇 가지가 있는데 탁자 모양이 대표적으로 우리가 흔히 아는 북방식 고인돌이에요. 강화 고인돌 유적은 대부분 북쪽 지역에 위치해 있어요. 평지에 있기도 하고 해발 300m 정도의 고지대에 있기도 하지요.

    강화 고인돌은 덮개돌의 무게만도 50톤이 넘어요. 정말 굉장하죠? 50톤이 넘는 돌을 들어올리기 위해서는 보통 300명 정도의 사람이 힘을 합쳐야 해요. 아마 이렇게 어마어마한 무덤의 주

인은 한 마을의 족장처럼 힘 있는 사람이거나, 족장에 버금가는 사람 또는 그 가족일 거라고 추측할 수 있어요. 신라나 조선 시대 왕들의 무덤도 엄청 크게 만들었잖아요? 그러니까 선사 시대의 조상들도 신분에 따라 무덤의 크기를 다르게 만들었을 거라고 보는 거죠.

우리나라에는 세계 절반 정도인 약 4만여 기*의 고인돌이 있는데, 강화도에는 150여 기의 고인돌이 있어요. 이러한 점들을 미루어보면 강화는 수천 년 전인 선사 시대부터 사람들이 많이 모여 살았다는 것을 짐작할 수 있어요. 강화도 주위는 바다와 강으로 둘러싸여 있고 육지와도 가깝기 때문에 예부터 사람이 살기에 알맞은 자연환경을 가지고 있었던 덕택일 거예요.

*기 무덤이나 비석, 탑 등을 세는 단위

얼마 전에는 강화 고인돌 주변에서 청동기 시대의 유물인 빗금무늬 토기와 돌칼 등이 발견되었다고 해요. 덕분에 청동기 시대의 생활 모습을 짐작하는 데에 중요한 자료로 쓰일 수 있겠지요.

이렇듯 강화 고인돌은 오늘날 우리가 옛 조상들의 흔적을 살펴보고 연구할 수 있는 중요한 유물이랍니다.

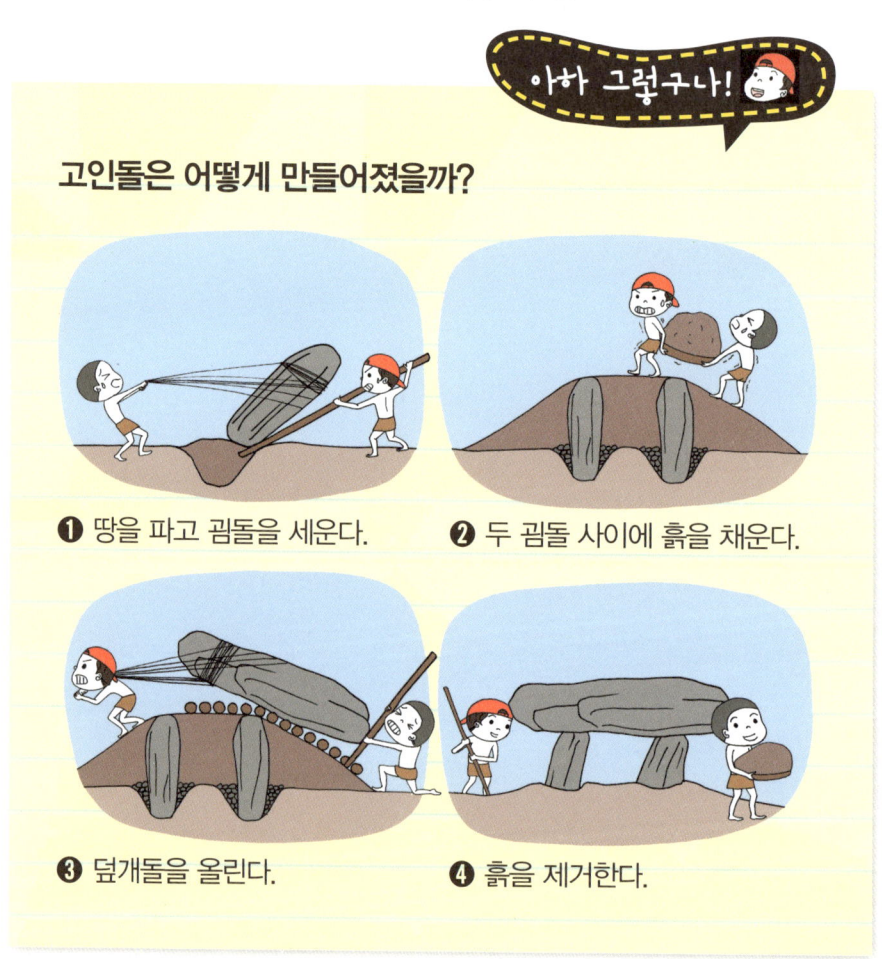

02 지붕 없는 박물관 강화도

단군왕검의 기운을 느껴봐

　마니*산은 단군왕검의 전설이 깃든 곳으로 '마리산', '마루산', '두악산' 등으로 불리기도 해요. 마니산은 한반도의 중앙에 자리 잡고 있어 산 정상에서 남쪽의 한라산과 북쪽의 백두산까지 거리가 같아요. 높이는 약 470m로 높은 산은 아니지만, 강화도에 있는 산 중에서는 가장 높답니다.

> *마니 불교에서 주로 사용하는 말로 '재앙을 없애 주는 여의주'라는 뜻

　마니산을 오르다 보면 바다가 한눈에 보이고, 또 그 주변은 기이한 모양의 봉우리와 절벽이 훌륭한 경치를 이루고 있는 것을 볼 수 있어요.

　마니산의 아름다운 풍경에 마음을 뺏긴 단군왕검이 이곳에 제단을 쌓고 하늘에 기도를 올렸다는 전설이 있는데 그 제단이 바로 참성단(사적 제136호)이에요.

참성단은 자연 상태의 돌을 아무런 접착제 없이 쌓아 올려 만든 건축물이에요. 언제 세워진 것인지는 정확히 알 수 없으나 적어도 4000년이 넘는 유물일 것으로 추정하고 있어요.

높이 5m가 넘는 참성단은 우리나라에 남아 있는 유일한 고조선 유적으로 둥근 아랫부분과 그 위에 네모난 단을 쌓아 올린 형태로 만들어졌어요. 이 모양은 '하늘은 둥글고 땅은 네모나다' 혹은 '하늘과 땅은 하나'라는 옛 조상들의 생각에서 비롯되었다고 보는 학자들도 있지요.

참성단에서는 고조선 시대뿐만 아니라 고구려·고려·조선 시대까지 나라의 중요한 제사를 지냈어요. 이 시기에는 해와 달, 별을 신으로 모셨는데 주로 인간들의 건강과 행운, 한 해 농사의 풍년 등을 빌었답니다.

현재 우리 민족은 자연을 신으로 여기지는 않지만 참성단에서 제사 지내는 풍속은 이어가고 있어요. 매년 개천절*(10월 3일)마다 제를 올리는데 '널리 인간을 이롭게 하라'는 단군왕검의 건국이념을 되새김과 동시에 우리 민족의 단결을 북돋기 위해서랍니다.

*개천절 기원전 2333년에 단군이 왕검성에 도읍을 정하고 나라 이름을 조선이라 짓고 즉위한 날

　또 올림픽이나 전국 체육 대회 때에는 새하얀 한복을 입은 일곱 선녀가 참성단에서 성화를 붙여 대회가 열리는 도시의 대회장까지 보내는 행사를 지내고 있어요. 단군왕검에서 시작된 우리나라의 전설을 음미하며 마니산의 성스러운 기운을 전하려는 것이랍니다.

03 지붕 없는 박물관 강화도

단군의 세 아들이 쌓은 삼랑성(정족산성)

　단군왕검에게는 세 아들이 있었어요. 어느 날 단군왕검이 부소·부우·부여 세 아들을 불러 '마니산 동쪽에 있는 정족산에 산성을 쌓겠다.'고 했어요. 그러자 세 아들은 다음 날부터 정족산 주변에 있는 큰 바위를 쪼갠 다음 정족산으로 던졌어요. 그 돌은 순식간에 쌓여 세 개의 봉우리가 되었어요. 마치 세 발 달린 솥이 거꾸로 놓인 것 같은 모양이었지요. 그 후 단군은 세 아들에게 정족산의 봉우리를 하나씩 지키게 했어요.

　이 성은 단군의 세 아들이 쌓았다는 데서 '삼랑성'이라 부르기도 하고, 정족산에 있는 성이라 해서 '정족산성'이라고 부르기도 한답니다.

　삼랑성에는 강화도에서 가장 큰 절인 전등사가 있어요. 전등사는 중국에서 불교를 받아들인 고구려 소수림왕 시절, 승려 아도

화상이 지은 절로 처음에는 '진종사'라 부르다가 고려 충렬왕 때 지금의 '전등사'라는 이름으로 바뀌게 되었어요.

전등사에 들어서면 멀리 '대조루'가 보여요. 이곳에는 세계문화유산인 조선왕조실록*을 보관하던 장사각과 선원각의 현판이 보관되어 있어요. 그리고 대웅전 왼쪽의 종각에는 보물 제393호인 전등사 범종이 걸려 있어요. 이 종은 일제 강점기 때 일본이 약탈해 갔는데 해방 후 전등사 주지 스님이 빼앗겼던 종을 찾으러 다니다가 부평 병기창 뒷마당에서 찾았다고 해요.

***조선왕조실록** 조선 태조 – 철종 때까지 25대 472년 동안의 역사적 사실을 기록한 책(국보 제151호)

전등사에는 또 오래된 은행나무 두 그루가 있는데 은행이 열리지 않는 것으로 유명해요. 한 그루는 노승나무, 다른 한 그루는 동승나무로 불리기도 하지요. 이 두 그루의 은행나무에는 다음과 같은 슬픈 전설이 전해져요.

불교 탄압이 심했던 조선 시대 때, 조정에서 전등사에 은행 스무 가마를 바치라고 했어요. 은행을 모두 수확해도 열 가마 정도밖에 되지 않는 것을 스무 가마씩이나 바치라는 건 말도 안 되는 횡포였어요. 당시 전등사 스님들은 은행 스무 가마를 바칠 수도 없었고, 그렇지 않으면 탄압받을 게 분명한 상황이라 이러지도 저러지도 못하고 있었지요. 결국 스님들은 힘을 모아 더 이상 은행나무에 은행이 열리지 않게 해 달라고 부처님께 기도를 했어요. 그래서 그때부터 전등사 은행나무는 열매를 맺지 않게 되었다는 전설이에요.

한편 대웅전의 네 귀퉁이를 떠받들고 있는 벌거벗은 여인 조각상에 얽힌 전설도 흥미로워요. 옛날에 대웅전을 짓는 일을 담당했던 목수에게는 서로 사랑하는 연인이 있었대요. 그런데 어느 날 마음이 변한 여자가 목수를 떠났고, 목수는 이를 원망하며 그 여자를 벌거벗은 못생긴 모습으로 조각해 추녀 밑에 끼워 넣었다고 해요. 절에 벌거벗은 여인 조각상이 있는 곳은 전 세계적으로 전등사가 유일하답니다.

04 지붕 없는 박물관 강화도
몽골에 절대 항복 못해!

　고려 중기에 들어설 무렵, 중국의 칭기즈 칸은 몽골 제국을 건설했어요. 몽골 제국은 이웃나라인 금나라를 공격한 후 세계적 강국으로 성장했고, 고려에도 해마다 많은 공물을 요구하면서 몇 번이나 쳐들어 왔지요.

　그러다 1231년 몽골의 침입으로 전쟁이 시작되었고 고려 왕실은 강화도로 급히 피난했어요. 주로 넓은 들판에서 말을 타고 다니며 전쟁을 하던 몽골군이 바다 건너에 있는 강화도를 공격해 오기는 쉽지 않을 거라는 판단이었지요. 특히 우리나라 서해 지역은 밀물과 썰물의 차이가 커 외부의 침입이 어렵고, 게다가 강화도는 섬이 크고 땅이 비옥해 곡식이 많이 생산되었거든요.

　이와 같은 이유로 고려는 당시 수도인 개경과 가까운 강화도로 수도를 옮겨 그곳에 궁궐을 짓고, 철통같이 지키기 위해 1232년부터 강화산성을 쌓기 시작했어요.

　강화산성은 내성·중성·외성으로 구분해 쌓았는데 현재 남아 있는 것은 둘레가 1.2㎞인 내성이에요. 중성은 내성을 지키기 위해 만든 성으로 흙을 섞어 만들었고, 외성은 몽골의 3차 침입에 대비해 바닷가를 따라 벽돌로 쌓아 만들었지요. 특히 외성은 몽골군의 공격을 막는 시설이자, 고려 정부가 육지에서 생활 물자를 지원받는 생명의 성이기도 했어요. 고려는 무려 39년 동안 몽골군에 힘겹게 저항했답니다.

하지만 안타깝게도 1270년 고려는 결국 몽골에 항복하게 되었고, 내·외성을 모두 헐어야 한다는 몽골의 요구로 강화산성을 허물고 말았어요. 그 후 조선 시대에 외성을 다시 쌓았지만 병자호란 때 또 파괴되고 말았지요. 지금 남아 있는 성은 병자호란 후에 내성 규모로 다시 쌓아올린 것이랍니다.

한편 강화산성 서문 밖에는 고려 시대 팔만대장경을 만들었던 선원사 터가 있어요. 고려 사람들은 나라가 평화롭고 백성이 배불리 먹고 사는 것은 부처님의 자비 덕분이라는 믿음이 있었어요. 그래서 고려는 연이은 몽골의 침략을 이겨내기 위해 불경을 박아내기로 했어요. 이것이 바로 팔만대장경*인데, 불경을 새긴 나무판의 수가 무려 8만 장이 넘어요. 이는 부처님의 힘을 빌려 나라를 지키겠다는 고려 사람들의 정신을 담은 것으로 볼 수 있답니다.

*팔만대장경 부처의 힘으로 외적을 물리치기 위해 1236-1251년에 걸쳐 완성한 대장경으로 현재 합천 해인사에 보관 중

05 지붕 없는 박물관 강화도
조선을 지켜라!

강화도는 왕실의 피난처이기도 했지만 도읍을 지키는 요새이기도 했어요. 강화도를 지키면 나라를 지키는 것이었고, 강화도를 잃으면 나라를 잃고 마는 것이었지요. 이 때문에 강화도 곳곳에는 외적의 침입을 관찰하고 방어하는 진, 보, 돈대 등의 요새가 많이 만들어졌어요.

*신미양요 1871년 미국이 조선과의 통상을 목적으로 군함과 군인을 이끌고 강화도 해협에 무력 침입한 사건

조선 시대, 신미양요* 때는 초지진이 만들어졌어요. 초지진은 바다를 통해 쳐들어오는 적군을 막기 위해 강화 해협 입구에 세워진 요새로, 둘레가 500m 정도인 작은 방어 시설이었어요. 당시 신미양요의 첫 격전지가 바로 이 초지진이었지요.

현재 초지진 성벽 옆에는 전쟁이 얼마나 격렬했는지 보여 주는 산증인인 늙은 소나무가 있어요. 이 나무 위에는 흰색 동그라

미가 표시되어 있는데 이것이 바로 당시 미국이 쏜 포탄의 흔적이에요. 이밖에도 초지진은 병인양요*와 운요호사건* 등의 전투로 모두 불에 타 사라졌지만, 1976에 현재 모습으로 복원되었어요.

*병인양요 1866년 천주교 탄압에 대한 보복으로 프랑스 군이 침입한 사건

*운요호사건 일본 군함이 조선 해안을 탐측한다고 핑계를 대고 강화도 앞바다에 불법 침투한 사건

초지진에서 덕진진을 지나 좀 더 올라가면 광성보가 있어요. 광성보는 신미양요 때 미군과 가장 치열한 전투를 벌였던 곳이에요. 미군은 대군을 이끌고 초지진, 덕진진을 점령한 후 광성보로 진격했어요. 이들은 신식 무기로 조선군을 공격했지만, 조선군은 작은 대포가 전부였지요. 이 포탄마저 다 떨어지자 조선군은 창과 방패

심지어 맨주먹으로 맞서 싸웠어요. 시간이 지날수록 장군과 군사들이 목숨을 잃었지만 살아남은 조선군은 절대 포기하지 않았어요. 끝내 미군이 전투에서 승리했고, 조선에 조약을 강요했어요. 하지만 조선은 계속 조약을 거부했고 결국 미군은 목적을 이루지 못한 채 물러갔다고 해요.

한편 광성보 바로 아래에는 쌍충비각이 있는데 바로 이곳에 광성보 전투를 이끌었던 어재연 장군 형제의 비석과 전투에서 전사한 용사들을 기리기 위한 비석이 모셔져 있답니다.